베트남어 쓰기 노트

쓰기 노트

STEP 1

송유리 · 시원스쿨베트남어연구소 지음

S 시원스쿨닷컴

베트남어
쓰기 노트 STEP 1

초판 5쇄 발행 2022년 9월 23일

지은이 송유리·시원스쿨베트남어연구소 지음
펴낸곳 (주)에스제이더블유인터내셔널
펴낸이 양홍걸 이시원

홈페이지 vietnam.siwonschool.com
주소 서울시 영등포구 국회대로74길 12 남중빌딩 시원스쿨
교재 구입 문의 02)2014-8151
고객센터 02)6409-0878

ISBN 979-11-6150-225-0
Number 1-420501-13131800-02

저자의 글

베트남어 표현을 써본다는 것은 어떤 특별한 재능과 상관없이 누구나 배우고, 누릴 수 있는 즐거움이자 행복입니다.

베트남어를 배우는 학습자에게 가장 실용적으로 베트남어를 활용할 수 있는 영역은 쓰기와 말하기일 것입니다.

베트남어를 배우는 많은 학습자가 말하기는 그럭저럭 배운다고 하더라도, 쓰기를 할 수 있는 학습자는 매우 드뭅니다. 베트남어를 능숙하게 말하는 사람조차 메일을 쓰거나 메신저, 문자를 보내는 단순한 것조차 부담스러워합니다.

『베트남어 쓰기 노트』는 실생활에서 많이 사용하는 베트남어 단어와 문장을 통해, 스스로 표현하고자 하는 실전 회화까지 구현할 수 있도록 하였습니다.

> "일상생활에서 가장 많이 쓰이는 표현들을
>
> 나만의 글씨체로 채워가는 시간.
>
> 이것은 공부를 넘어서 말을 표현하고,
>
> 실력을 키우고, 성장시키는 또 하나의 방법입니다."

쓰기는 베트남어 학습의 핵심이자 꽃이라고 말합니다.
『베트남어 쓰기 노트』가 여러분을 베트남어 학습의 즐거움으로 안내합니다.

저자 송유리

목차 & 구성

이 책의 구성

★ 원어민이 녹음한 MP3 음원 무료 제공 ★

★ **베트남어 따라 쓰기**

베트남에서 가장 많이 쓰이는 단어와 표현을
원어민의 녹음과 함께 따라 쓸 수 있게 구성

★ **베트남어 회화 쓰기 연습**

앞에서 배운 단어와 문장을 활용한 회화
(정자체/필기체)를 원어민의 녹음을 들으며
따라 쓸 수 있게 구성

학습 플랜

DAY	단원
1일	1강 / 2강 / 3강 / 4강 단어, 문장 쓰기 + 1강 / 2강 / 3강 / 4강 회화(정자체, 필기체) 쓰기
2일	5강 / 6강 / 7강 / 8강 단어, 문장 쓰기 + 5강 / 6강 / 7강 / 8강 회화(정자체, 필기체) 쓰기
3일	9강 / 10강 / 11강 / 12강 단어, 문장 쓰기 + 9강 / 10강 / 11강 / 12강 회화(정자체, 필기체) 쓰기
4일	13강 / 14강 / 15강 / 16강 단어, 문장 쓰기 + 13강 / 14강 / 15강 / 16강 회화(정자체, 필기체) 쓰기
5일	17강 / 18강 / 19강 / 20강 단어, 문장 쓰기 + 17강 / 18강 / 19강 / 20강 회화(정자체, 필기체) 쓰기
6일	21강 / 22강 / 23강 / 24강 단어, 문장 쓰기 + 21강 / 22강 / 23강 / 24강 회화(정자체, 필기체) 쓰기
7일	1강 ~ 24강 복습해 보기

DAY	단원
14일 학습 플랜	
1일	1강 / 2강 단어, 문장 쓰기 + 1강 / 2강 회화(정자체, 필기체) 쓰기
2일	3강 / 4강 단어, 문장 쓰기 + 3강 / 4강 회화(정자체, 필기체) 쓰기
3일	5강 / 6강 단어, 문장 쓰기 + 5강 / 6강 회화(정자체, 필기체) 쓰기
4일	7강 / 8강 단어, 문장 쓰기 + 7강 / 8강 회화(정자체, 필기체) 쓰기
5일	9강 / 10강 단어, 문장 쓰기 + 9강 / 10강 회화(정자체, 필기체) 쓰기
6일	11강 / 12강 단어, 문장 쓰기 + 11강 / 12강 회화(정자체, 필기체) 쓰기
7일	13강 / 14강 단어, 문장 쓰기 + 13강 / 14강 회화(정자체, 필기체) 쓰기
8일	15강 / 16강 단어, 문장 쓰기 + 15강 / 16강 회화(정자체, 필기체) 쓰기
9일	17강 / 18강 단어, 문장 쓰기 + 17강 / 18강 회화(정자체, 필기체) 쓰기
10일	19강 / 20강 단어, 문장 쓰기 + 19강 / 20강 회화(정자체, 필기체) 쓰기
11일	21강 / 22강 단어, 문장 쓰기 + 21강 / 22강 회화(정자체, 필기체) 쓰기
12일	23강 / 24강 단어, 문장 쓰기 + 23강 / 24강 회화(정자체, 필기체) 쓰기
13일	1강 ~ 12강 복습해 보기
14일	13강 ~ 24강 복습해 보기

베트남어의 호칭

• 1, 2인칭의 호칭이 고정된 것이 아니라 청자와 화자의 관계에 따라 구별하여 사용합니다.

청자 ↑↓ 화자	떠 밍 tớ / mình 나	짜우 cháu 손자, 손녀, 조카(뻘) 되는 아이		또이 tôi 저 앰 em 손아랫사람	껀 con 자녀	앰 em 학생
	반 bạn 친구(너)	옹 ông 할아버지, 나이가 많은 남성, 사회적 지위가 높은 남성	박 bác 큰아버지, 큰어머니	아잉 anh 형, 오빠, 자신과 나이가 비슷하거나 많은 남성	보 bố 아버지	터이 thầy (남자) 선생님
	꺼우 cậu 친구(너)	바 bà 할머니, 나이가 많은 여성, 사회적 지위가 높은 여성	쭈 chú 삼촌, 아저씨 꼬 cô 고모, 아주머니	찌 chị 누나, 언니, 자신과 나이가 비슷하거나 많은 여성	매 mẹ 어머니	꼬 cô (여자) 선생님

복수 호칭		
1인칭 복수 '우리' (청자 포함 여부로 결정)		2, 3인칭 복수 '~들' (các (~들) + 2, 3인칭 호칭)
청자 포함	청자 제외	깍 아잉 깍 찌 깍 반 예 các anh / các chị / các bạn 형들, 오빠들 / 누나들, 언니들 / 친구들
쭘 따 chúng ta 우리	쭘 또이 chúng tôi 우리	깍 아잉 어이 깍 찌 어이 깍 반 어이 các anh ấy / các chị ấy / các bạn ấy 그들　　　　　그녀들　　　　친구들

베트남어
쓰기 노트
STEP 1

소개 표현

1

이름

떼

tên

2

~의

꾸어

của

3

동생, 손아랫사람

앰

em

4

~이다

라

là

베트남어 **단어**를 연습해 보세요.

떼 꾸어 앰 라 유리

Tên của em là Yuri.

제 이름은 유리예요.

베트남어 **문장**을 연습해 보세요.

Tên của em là Yuri.

Tên của em là Yuri.

5

또이

나[객관적으로 표현할 때 쓰임]

tôi

6

라

~이다

là

7

지아오   비엔

교사

giáo viên

베트남어 **단어**를 연습해 보세요.

또이 라 지아오 비엔

Tôi là giáo viên.

나는 선생님이에요.

베트남어 **문장**을 연습해 보세요.

Tôi là giáo viên.

Tôi là giáo viên.

인사 표현

1

짜오

인사하다

chào

2

깍

~들[복수를 나타낼 때 쓰임]

các

3

반

당신, 친구

bạn

베트남어 **단어**를 연습해 보세요.

짜오 깍 반

Chào các bạn.

여러분 안녕하세요.

베트남어 **문장**을 연습해 보세요.

Chào các bạn.

Chào các bạn.

4

젇　　　　　　　　　매우

rất

5

부이　　　　　　　　　즐거운

vui

6

드억　　　　　~하게 되다[수동을 표현할 때 쓰임]

được

7

갑　　　　　　　　　만나다

gặp

8

앰　　　　　　　동생, 손아랫사람

em

베트남어 **단어**를 연습해 보세요.

잗 부이 드억   갑   앰

Rất vui được gặp em.

너를 만나게 되어서 매우 반가워.

✏️ 베트남어 **문장**을 연습해 보세요.

Rất vui được gặp em.

Rất vui được gặp em.

1

앰

동생, 손아랫사람

em

2

라

~이다

là

3

응으어이

사람

người

4

느억

나라

nước

5

나오

어떤, 어느

nào

베트남어 **단어**를 연습해 보세요.

앰　라　응으어이　느억　나오

Em là người nước nào?

너는 어느 나라 사람이야?

베트남어 **문장**을 연습해 보세요.

Em là người nước nào?

Em là người nước nào?

6

앰

동생, 손아랫사람

em

7

라

~이다

là

8

응으어이

사람

người

9

한   꾸옥

한국

Hàn Quốc

베트남어 **단어**를 연습해 보세요.

앰　　라　응으어이　　한　　꾸옥

Em là người Hàn Quốc.

저는 한국 사람이에요.

✏️ 베트남어 **문장**을 연습해 보세요.

Em là người Hàn Quốc.

Em là người Hàn Quốc.

1

반

bạn

당신, 친구

2

꺼

có

강조[의문문을 나타낼 때 쓰임]

3

코애

khỏe

건강한

4

콤

không

[문장 끝에서 의문을 나타낼 때 쓰임]

베트남어 **단어**를 연습해 보세요.

반　꺼　코애　콤

Bạn có khỏe không?

너는 건강해(잘 지내)?

✏️ 베트남어 **문장**을 연습해 보세요.

Bạn có khỏe không?

Bạn có khỏe không?

5

밍

나[친구 사이일 때 쓰임]

mình

6

젇

매우

rất

7

코애

건강한

khỏe

8

껀

그러면

còn

9

반

당신, 친구

bạn

베트남어 **단어**를 연습해 보세요.

밍 젇 코애 껀 반

Mình rất khỏe, còn bạn?

나는 매우 건강해(잘 지내), 그러면 너는?

✏️ 베트남어 **문장**을 연습해 보세요.

Mình rất khỏe, còn bạn?

Mình rất khỏe, còn bạn?

질문 표현

1

찌

누나, 언니

chị

2

꺼

(갖고) 있다

có

3

붇

펜

bút

4

콤

[문장 끝에서 의문을 나타낼 때 쓰임]

không

베트남어 **단어**를 연습해 보세요.

찌 꺼 붇 콤

Chị có bút không?

누나(언니)는 펜이 있어요?

✏️ 베트남어 **문장**을 연습해 보세요.

Chị có bút không?

Chị có bút không?

5

아잉 | 형, 오빠

anh

6

꺼 | 강조[의문문을 나타낼 때 쓰임]

có

7

우옹 | 마시다

uống

8

까   페 | 커피

cà phê

9

콤 | [문장 끝에서 의문을 나타낼 때 쓰임]

không

✏ 베트남어 **단어**를 연습해 보세요.

아잉 꺼 우옹 까 페 콤

Anh có uống cà phê không?

형(오빠)은 커피를 마실 거예요?

베트남어 **문장**을 연습해 보세요.

Anh có uống cà phê không?

Anh có uống cà phê không?

가족 관계 표현

1

동생, 손아랫사람

앰

em

2

(갖고) 있다

꺼

có

3

형제자매

아잉 찌

anh chị

4

[문장 끝에서 의문을 나타낼 때 쓰임]

콤

không

베트남어 **단어**를 연습해 보세요.

앰 꺼 아잉 찌 콤

Em có anh chị không?

너는 형제자매가 있어?

✏️ 베트남어 **문장**을 연습해 보세요.

Em có anh chị không?

Em có anh chị không?

5

네[대답하는 말]

벙

vâng

6

동생, 손아랫사람

앰

em

7

(갖고) 있다

꺼

có

8

친누나, 친언니

찌 가이

chị gái

베트남어 **단어**를 연습해 보세요.

벙   앰   꺼   몯   찌   가이

Vâng, em có 1 chị gái.

네, 저는 누나(언니)가 한 명 있어요.

✏️ 베트남어 **문장**을 연습해 보세요.

Vâng, em có 1 chị gái.

Vâng, em có 1 chị gái.

장소 표현

1

냐

집

nhà

2

앰

동생, 손아랫사람

em

3

어

~에 있다

ở

4

더우

어디

đâu

베트남어 **단어**를 연습해 보세요.

냐　앰　어　더우

Nhà em ở đâu?

너의 집은 어디에 있어?

✏️ 베트남어 **문장**을 연습해 보세요.

Nhà em ở đâu?

Nhà em ở đâu?

5

찌 | 누나, 언니

chị

6

무어 | 사다

mua

7

호아 | 꽃

hoa

8

어 | ~에(서)

ở

9

더우 | 어디

đâu

✏️ 베트남어 **단어**를 연습해 보세요.

찌　무어　호아　어 더우

Chị mua hoa ở đâu?

누나(언니)는 꽃을 어디에서 사요?

✏️ 베트남어 **문장**을 연습해 보세요.

Chị mua hoa ở đâu?

Chị mua hoa ở đâu?

당위성 표현

1

형, 오빠

아잉

anh

2

~해야 한다

파이

phải

3

가다[돌아가는 행위를 나타낼 때 쓰임]

베

về

4

집

냐

nhà

베트남어 **단어**를 연습해 보세요.

아잉　파이　베　냐

Anh phải về nhà.

나는 집에 가야 해.

✏️ 베트남어 **문장**을 연습해 보세요.

Anh phải về nhà.

Anh phải về nhà.

5

앰

동생, 손아랫사람

em

6

파이

~해야 한다

phải

7

안

먹다

ăn

8

껌

밥

cơm

✎ 베트남어 **단어**를 연습해 보세요.

앰 파이 안 껌

Em phải ăn cơm.

저는 밥을 먹어야 해요.

✏️ 베트남어 **문장**을 연습해 보세요.

Em phải ăn cơm.

Em phải ăn cơm.

상태 표현

1

	동생, 손아랫사람
앰	
em	

2

	느끼다
터이	
thấy	

3

	베트남
비엘 남	
Việt Nam	

4

	어떻게
테 나오	
thế nào	

베트남어 **단어**를 연습해 보세요.

앰　　터이　　비엔　　남　　테　　나오

Em thấy Việt Nam thế nào?

네가 느끼기에 베트남은 어때?

베트남어 **문장**을 연습해 보세요.

Em thấy Việt Nam thế nào?

Em thấy Việt Nam thế nào?

5

아잉

형, 오빠

anh

6

파이

~해야 한다

phải

7

허이

묻다

hỏi

8

테   나오

어떻게

thế nào

✏️ 베트남어 **단어**를 연습해 보세요.

아잉 파이 허이 테 나오

Anh phải hỏi thế nào?

나는 어떻게 물어봐야 해?

✏️ 베트남어 **문장**을 연습해 보세요.

Anh phải hỏi thế nào?

Anh phải hỏi thế nào?

가능성 표현 ①

1

꺼우

너[친구 사이에서 상대방을 표현할 때 쓰임]

cậu

2

비엘

알다

biết

3

너이

말하다

nói

4

띠엥   한

한국어

tiếng Hàn

5

콤

[문장 끝에서 의문을 나타낼 때 쓰임]

không

베트남어 **단어**를 연습해 보세요.

꺼우   비엘   너이   띠엥   한   콤

Cậu biết nói tiếng Hàn không?

너는 한국어를 말할 줄 알아?

베트남어 **문장**을 연습해 보세요.

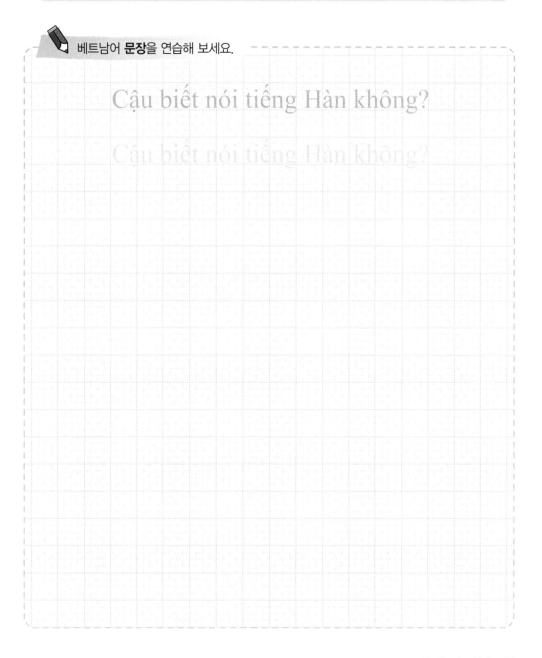

Cậu biết nói tiếng Hàn không?

Cậu biết nói tiếng Hàn không?

6

앰

em

동생, 손아랫사람

7

비엣

biết

알다

8

너우

nấu

(음식을) 하다, 요리하다

9

퍼

phở

쌀국수

10

콤

không

[문장 끝에서 의문을 나타낼 때 쓰임]

베트남어 **단어**를 연습해 보세요.

앰 비엘 너우 퍼 콤

Em biết nấu phở không?

너는 쌀국수를 만들 줄 알아?

베트남어 **문장**을 연습해 보세요.

Em biết nấu phở không?

Em biết nấu phở không?

취미 표현

1 앰 | 동생, 손아랫사람

em

2 틱 | 좋아하다

thích

3 디 | 가다

đi

4 주 릭 | 여행하다

du lịch

5 콤 | [문장 끝에서 의문을 나타낼 때 쓰임]

không

베트남어 **단어**를 연습해 보세요.

앰　　틱　　디　주　릭　　콤

Em thích đi du lịch không?

너는 여행 가는 것을 좋아해?

✏️ 베트남어 **문장**을 연습해 보세요.

Em thích đi du lịch không?

Em thích đi du lịch không?

6

아잉 | 형, 오빠

anh

7

콤 | ~이 아니다[부정을 나타낼 때 쓰임]

không

8

틱 | 좋아하다

thích

9

쩌이 | 플레이하다

chơi

10

범 다 | 축구

bóng đá

✏️ 베트남어 **단어**를 연습해 보세요.

아잉 콤 틱 쩌이 범 다

Anh không thích chơi bóng đá.

나는 축구하는 것을 좋아하지 않아.

베트남어 **문장**을 연습해 보세요.

Anh không thích chơi bóng đá.

Anh không thích chơi bóng đá

시제 표현

1

버이 지어 　　　　　　　　　　　지금

bây giờ

2

앰 　　　　　　　　　　　동생, 손아랫사람

em

3

당 　　　　　~하고 있다[현재진행 시제를 나타낼 때 쓰임]

đang

4

람 　　　　　　　　　　　하다

làm

5

지 　　　　　　　　　　　무엇

gì

✏️ 베트남어 **단어**를 연습해 보세요.

버이 지어 앰 당 람 지

Bây giờ em đang làm gì?

너는 지금 무엇을 하고 있어?

✎ 베트남어 **문장**을 연습해 보세요.

Bây giờ em đang làm gì?

Bây giờ em đang làm gì?

6

버이 지어   지금

bây giờ

7

앰   동생, 손아랫사람

em

8

당   ~하고 있다[현재진행 시제를 나타낼 때 쓰임]

đang

9

람   하다

làm

10

바이 떱   숙제

bài tập

✏️ 베트남어 **단어**를 연습해 보세요.

버이 지어 앰 당 람 바이 떱

Bây giờ em đang làm bài tập.

지금 저는 숙제를 하고 있어요.

✏️ 베트남어 **문장**을 연습해 보세요.

Bây giờ em đang làm bài tập.

Bây giờ em đang làm bài tập.

1

앰

em

동생, 손아랫사람

2

헙

học

공부하다

3

띠엥   아잉

tiếng Anh

영어

4

데

để

~하려고, ~하기 위해서

5

주   릭

du lịch

여행하다

베트남어 **단어**를 연습해 보세요.

앰　헙　띠엥　아잉　데　주　릭

Em học tiếng Anh để du lịch.

저는 여행하려고 영어를 배워요.

베트남어 **문장**을 연습해 보세요.

Em học tiếng Anh để du lịch.

Em học tiếng Anh để du lịch.

6

앰

동생, 손아랫사람

em

7

무어

사다

mua

8

아오

옷

áo

9

데

~하려고, ~하기 위해서

để

10

막

입다

mặc

베트남어 **단어**를 연습해 보세요.

앰　　무어　아오　데　막

Em mua áo để mặc.

저는 입을 옷을 사요.

✏️ 베트남어 **문장**을 연습해 보세요.

Em mua áo để mặc.

Em mua áo để mặc.

기간 표현

1

아잉

형, 오빠

anh

2

헙

공부하다

học

3

띠엥   아잉

영어

tiếng Anh

4

머이

몇

mấy

5

남

해, 년[기간을 나타낼 때 쓰임]

năm

베트남어 **단어**를 연습해 보세요.

아잉   헙   띠엥   아잉   머이   남

Anh học tiếng Anh mấy năm?

형(오빠)은 영어를 몇 년 배웠어요?

베트남어 **문장**을 연습해 보세요.

Anh học tiếng Anh mấy năm?

Anh học tiếng Anh mấy năm?

6

아잉

형, 오빠

anh

7

다

~했다[과거 시제를 나타낼 때 쓰임]

đã

8

헙

공부하다

học

9

남

해, 년[기간을 나타낼 때 쓰임]

năm

베트남어 **단어**를 연습해 보세요.

아잉 다 헙 본 남

Anh đã học 4 năm.

나는 4년 동안 배웠어.

✏️ 베트남어 **문장**을 연습해 보세요.

Anh đã học 4 năm.

Anh đã học 4 năm.

시간 표현 ①

1

버이   지어

지금

bây giờ

2

라

~이다

là

3

머이

몇

mấy

4

지어

시[시간을 나타낼 때 쓰임]

giờ

5

조이

이미 ~했다

rồi

베트남어 **단어**를 연습해 보세요.

버이 　 지어 　 라 　 머이 　 지어 　 조이

Bây giờ là mấy giờ rồi?

지금 몇 시나 됐어요?

🖍 베트남어 **문장**을 연습해 보세요.

Bây giờ là mấy giờ rồi?

Bây giờ là mấy giờ rồi?

6

버이 지어

지금

bây giờ

7

라

~이다

là

8

지어

시[시간을 나타낼 때 쓰임]

giờ

9

깸

부족한, 모자라는

kém

10

푿

분[시간을 나타낼 때 쓰임]

phút

베트남어 **단어**를 연습해 보세요.

버이 지어 라 바이 지어 깸 므어이 푿

Bây giờ là 7 giờ kém 10 phút.

지금은 7시 10분 전이에요.

✏️ 베트남어 **문장**을 연습해 보세요.

Bây giờ là 7 giờ kém 10 phút.

Bây giờ là 7 giờ kém 10 phút.

11

지어

giờ

시[시간을 나타낼 때 쓰임]

12

찌

chị

누나, 언니

13

디

đi

가다

14

람

làm

일하다

베트남어 **단어**를 연습해 보세요.

땀 지어 찌 디 람

8 giờ chị đi làm.

나는 8시에 일하러 가.

베트남어 **문장을** 연습해 보세요.

8 giờ chị đi làm.

8 giờ chị đi làm.

시간 표현 ②

1

앰

동생, 손아랫사람

em

2

디 쩌이

놀러가다

đi chơi

3

머이

몇

mấy

4

띠엥

시간

tiếng

✏️ 베트남어 **단어**를 연습해 보세요.

앰　디　쩌이　머이　띠엥

Em đi chơi mấy tiếng?

너는 몇 시간 놀러갔어?

🖍 베트남어 **문장**을 연습해 보세요.

Em đi chơi mấy tiếng?

Em đi chơi mấy tiếng?

5

아잉 / 형, 오빠

anh

6

람 / 일하다

làm

7

뜨 / ~부터

từ

8

머이 / 몇

mấy

9

지어 / 시[시간을 나타낼 때 쓰임]

giờ

베트남어 **단어**를 연습해 보세요.

아잉 람 뜨 머이 지어

Anh làm từ mấy giờ?

형(오빠)은 몇 시부터 일했어요?

✏️ 베트남어 **문장**을 연습해 보세요.

Anh làm từ mấy giờ?

Anh làm từ mấy giờ?

시간 표현 ③

1

동생, 손아랫사람

앰

em

2

귀가하다

베   냐

về nhà

3

~에[시간을 나타낼 때 쓰임]

룹

lúc

4

시[시간을 나타낼 때 쓰임]

지어

giờ

베트남어 **단어**를 연습해 보세요.

앰 베 냐 룹 바이 지어

Em về nhà lúc 7 giờ.

저는 7시에 귀가해요.

✏️ 베트남어 **문장**을 연습해 보세요.

Em về nhà lúc 7 giờ.

Em về nhà lúc 7 giờ

5

앰 | 동생, 손아랫사람

em

6

덥 | 읽다

đọc

7

싸익 | 책

sách

8

룹 | ~에[시간을 나타낼 때 쓰임]

lúc

9

지어 | 시[시간을 나타낼 때 쓰임]

giờ

베트남어 **단어**를 연습해 보세요.

앰　덥　싸익　룹　찐　지어

Em đọc sách lúc 9 giờ.

저는 9시에 책을 읽어요.

✏️ 베트남어 **문장**을 연습해 보세요.

Em đọc sách lúc 9 giờ.

Em đọc sách lúc 9 giờ.

원인과 이유 표현

1

싸오 | 왜
sao |

2

아잉 | 형, 오빠
anh |

3

콤 | ~이 아니다[부정을 나타낼 때 쓰임]
không |

4

안 | 먹다
ăn |

5

껌 | 밥
cơm |

베트남어 **단어**를 연습해 보세요.

싸오 아잉 콤 안 껌

Sao anh không ăn cơm?

왜 형(오빠)은 밥을 안 먹어요?

베트남어 **문장**을 연습해 보세요.

Sao anh không ăn cơm?

Sao anh không ăn cơm?

6 비 / 왜냐하면

vì

7 아잉 / 형, 오빠

anh

8 다 / ~했다[과거 시제를 나타낼 때 쓰임]

đã

9 안 / 먹다

ăn

10 조이 / 이미 ~했다

rồi

✏️ 베트남어 **단어**를 연습해 보세요.

비 아잉 다 안 조이

Vì anh đã ăn rồi.

왜냐하면 나는 이미 밥을 먹었어.

베트남어 **문장**을 연습해 보세요.

Vì anh đã ăn rồi.

Vì anh đã ăn rồi.

11

왜냐하면

비

vì

12

형, 오빠

아잉

anh

13

~이 아니다[부정을 나타낼 때 쓰임]

콤

không

14

배고픈

더이

đói

베트남어 **단어**를 연습해 보세요.

비 아잉 콤 더이

Vì anh không đói.

왜냐하면 나는 배가 고프지 않아.

✏️ 베트남어 **문장**을 연습해 보세요.

Vì anh không đói.

Vì anh không đói.

부가의문문 표현

1

찌

누나, 언니

chị

2

틱

좋아하다

thích

3

안

먹다

ăn

4

퍼

쌀국수

phở

5

파이 콤

그렇습니까?, 맞습니까?

phải không

✏️ 베트남어 **단어**를 연습해 보세요.

찌　　틱　　안　　퍼　　파이　　콤
Chị thích ăn phở, phải không?

누나(언니)는 쌀국수 먹는 것을 좋아하는 것이 맞죠?

✏️ 베트남어 **문장**을 연습해 보세요.

Chị thích ăn phở, phải không?

Chị thích ăn phở, phải không?

6

앰

동생, 손아랫사람

em

7

파이

~해야 한다

phải

8

무어

사다

mua

9

싸익

책

sách

10

파이   콤

그렇습니까?, 맞습니까?

phải không

✏️ 베트남어 **단어**를 연습해 보세요.

앰   파이   무어   싸익   파이   콤

Em phải mua sách, phải không?

너는 책을 사야 하는 것이 맞지?

✏️ 베트남어 **문장**을 연습해 보세요.

Em phải mua sách, phải không?

Em phải mua sách, phải không?

정도부사 표현

1

아잉

형, 오빠

anh

2

쩐

매우

rất

3

틱

좋아하다

thích

4

비엗   남

베트남

Việt Nam

✏️ 베트남어 **단어**를 연습해 보세요.

★ 원어민의 녹음을 들으며, 정확하게 따라 써 보세요. T20

아잉 전 틱 비엔 남

Anh rất thích Việt Nam.

나는 베트남을 매우 좋아해.

베트남어 **문장**을 연습해 보세요.

Anh rất thích Việt Nam.

Anh rất thích Việt Nam.

5

분 짜	분짜[베트남 면 요리]
bún chả	

6

젇	매우
rất	

7

응언	맛있는
ngon	

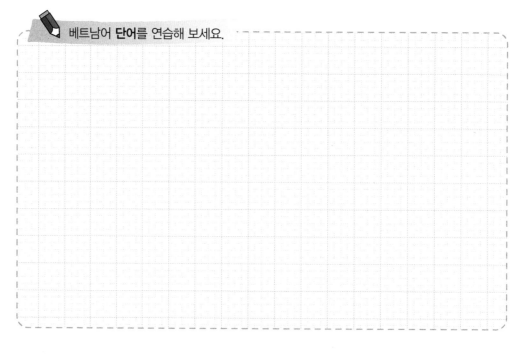

베트남어 **단어**를 연습해 보세요.

Bún chả rất ngon.

분짜는 매우 맛있어요.

✏️ 베트남어 **문장**을 연습해 보세요.

Bún chả rất ngon.

Bún chả rất ngon.

제안 표현

1

쭘 밍

우리

chúng mình

2

우옹

마시다

uống

3

까 페

커피

cà phê

4

디

[권유형 명령을 나타낼 때 쓰임]

đi

베트남어 **단어**를 연습해 보세요.

쭘　　밍　　우옹　　까　　페　　디

Chúng mình uống cà phê đi!

우리 커피를 마시자!

베트남어 **문장**을 연습해 보세요.

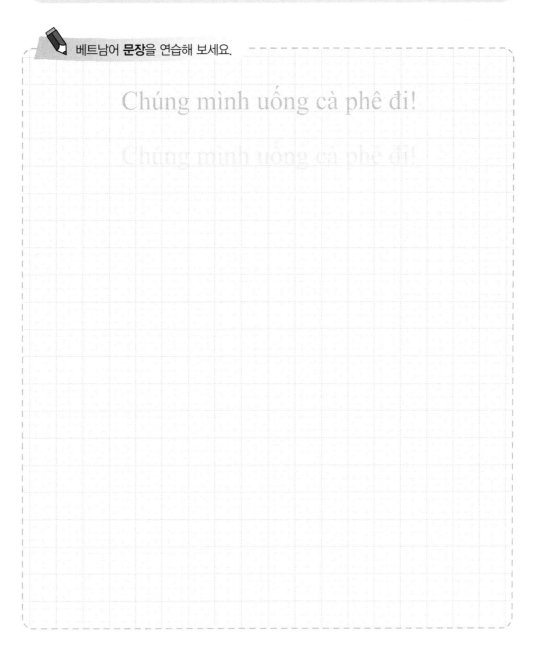

Chúng mình uống cà phê đi!

Chúng mình uống cà phê đi!

5

쭘   밍

우리

chúng mình

6

디

가다

đi

7

베

가다[돌아가는 행위를 나타낼 때 쓰임]

về

8

디

[권유형 명령을 나타낼 때 쓰임]

đi

베트남어 **단어**를 연습해 보세요.

쭘   밍   디 베 디

Chúng mình đi về đi!

우리 돌아가자!

베트남어 **문장**을 연습해 보세요.

Chúng mình đi về đi!

Chúng mình đi về đi!

소망 표현

1

앰

동생, 손아랫사람

em

2

무온

원하다, 하고 싶다

muốn

3

디

가다

đi

4

주   릭

여행하다

du lịch

5

느억   응오아이

외국

nước ngoài

✏️ 베트남어 **단어**를 연습해 보세요.

앰　　무온　　디　주　릭　　느억　　응오아이
Em muốn đi du lịch nước ngoài.

저는 외국 여행을 가고 싶어요.

베트남어 **문장**을 연습해 보세요.

Em muốn đi du lịch nước ngoài.

Em muốn đi du lịch nước ngoài.

6 찌 | 누나, 언니

chị

7 무온 | 원하다, 하고 싶다

muốn

8 우옹 | 마시다

uống

9 짜 | 차

trà

10 콤 | [문장 끝에서 의문을 나타낼 때 쓰임]

không

베트남어 **단어**를 연습해 보세요.

찌　　무온　　우옹　　짜　　콤

Chị muốn uống trà không?

누나(언니)는 차가 마시고 싶어요?

✏️ 베트남어 **문장**을 연습해 보세요.

Chị muốn uống trà không?

Chị muốn uống trà không?

가능성 표현 ②

1

앰

동생, 손아랫사람

em

2

안

먹다

ăn

3

까이

매운

cay

4

드억   콤

가능합니까?

được không

✏️ 베트남어 **단어**를 연습해 보세요.

앰　　안　　까이　　드억　　　콤

Em ăn cay được không?

너는 매운 것을 먹을 수 있어?

✏️ 베트남어 **문장**을 연습해 보세요.

Em ăn cay được không?

Em ăn cay được không?

5

버이 　지어 　　　　　　　　지금

bây giờ

6

앰 　　　　　　　　동생, 손아랫사람

em

7

베 　　　　　　　가다[돌아가는 행위를 나타낼 때 쓰임]

về

8

냐 　　　　　　　　　집

nhà

9

드억 　콤 　　　　　　　가능합니까?

được không

베트남어 **단어**를 연습해 보세요.

버이 지어 앰 베 냐 드억 콤

Bây giờ em về nhà được không?

지금 저는 집에 가도 될까요?

✏️ 베트남어 **문장**을 연습해 보세요.

Bây giờ em về nhà được không?

Bây giờ em về nhà được không?

일정 표현

1

바오   지어

언제

bao giờ

2

아잉

형, 오빠

anh

3

쌔

~할 것이다[미래 시제를 나타낼 때 쓰임]

sẽ

4

베

가다[돌아가는 행위를 나타낼 때 쓰임]

về

5

쭝   꾸옥

중국

Trung Quốc

베트남어 **단어**를 연습해 보세요.

바오 지어 아잉 쌔 베 쭘 꾸옥

Bao giờ anh sẽ về Trung Quốc?

형(오빠)은 중국에 언제 돌아갈 거예요?

베트남어 **문장**을 연습해 보세요.

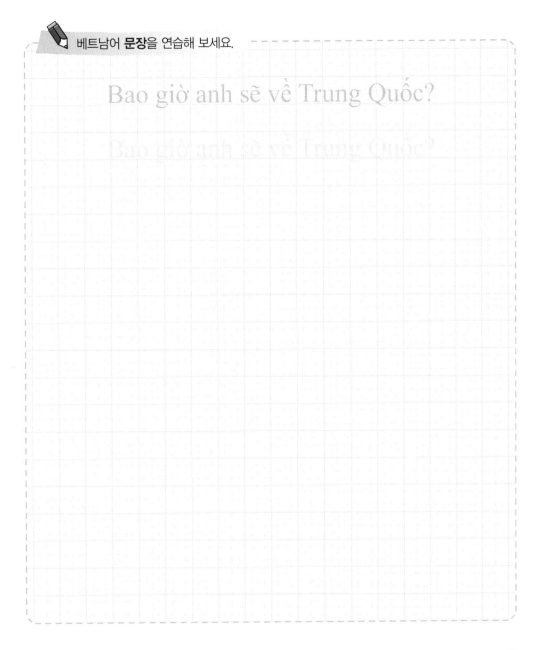

Bao giờ anh sẽ về Trung Quốc?

6

탕　　싸우

tháng sau

다음 달

7

아잉

anh

형, 오빠

8

쌔

sẽ

~할 것이다[미래 시제를 나타낼 때 쓰임]

9

베

về

가다[돌아가는 행위를 나타낼 때 쓰임]

베트남어 **단어**를 연습해 보세요.

탕　　싸우　아잉　쌔　베

Tháng sau anh sẽ về.

나는 다음 달에 갈 거야.

베트남어 **문장**을 연습해 보세요.

Tháng sau anh sẽ về.

Tháng sau anh sẽ về.

Bài 01

아이 라 유리
A: Ai là Yuri?

떠 라 유리
B: Tớ là Yuri.

짜오 꺼우 밍 라 민지
A: Chào cậu, mình là Minji.

짜오 꺼우 떠 라 유리
B: Chào cậu, tớ là Yuri.

- -

A: *Ai là Yuri?*

B: *Tớ là Yuri.*

A: *Chào cậu, mình là Minji.*

B: *Chào cậu, tớ là Yuri.*

● **한글 해석**

A: 누가 유리니?

B: 내가 유리야.

A: 안녕, 나는 민지야.

B: 안녕, 나는 유리야.

필기체 쓰기

Bài 02

앰 뗀 라 유리 껀 아잉
A: Em tên là Yuri. Còn anh?

아잉 뗀 라 지
Anh tên là gì?

아잉 뗀 라 남
B: Anh tên là Nam.

젇 부이 드억 갑 앰
Rất vui được gặp em.

젇 부이 드억 갑 아잉
A: Rất vui được gặp anh.

- -

A: Em tên là Yuri. Còn anh?

Anh tên là gì?

B: Anh tên là Nam.

Rất vui được gặp em.

A: Rất vui được gặp anh.

● **한글해석**

A: 내 이름은 유리야. 오빠는?

오빠는 이름이 뭐야?

B: 내 이름은 남이야.

만나서 반가워.

A: 만나서 반가워.

정자체 **쓰기**

필기체 **쓰기**

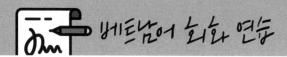

_{터이 라 응으어이 느억 나오}
A: Thầy là người nước nào?

_{터이 어이 라 응으어이 비엘 남}
B: Thầy ấy là người Việt Nam.

- -

A: *Thầy là người nước nào?*

B: *Thầy ấy là người Việt Nam.*

● **한글해석**

A: 선생님은 어느 나라 사람이야?

B: 그 선생님은 베트남 사람이야.

정자체 쓰기

필기체 쓰기

Bài 04

찌 어이 찌 꺼 코애 콤
A: Chị ơi, chị có khỏe không?

찌 코애 깜 언
B: Chị khỏe, cám ơn.

껀 앰 앰 꺼 코애 콤
Còn em, em có khỏe không?

깜 언 앰 꿈 코애
A: Cám ơn, em cũng khỏe.

A: Chị ơi, chị có khỏe không?

B: Chị khỏe, cám ơn.

Còn em, em có khỏe không?

A: Cám ơn, em cũng khỏe.

● 한글 해석

A: 언니, 잘 지내지?

B: 잘 지내지, 고마워.

너는, 너는 잘 지내?

A: 고마워, 나도 잘 지내.

정자체 쓰기

- -

필기체 쓰기

Bài 05

홈 나이 앰 덴 냐 호아
A: Hôm nay em đến nhà Hoa.

찌 꺼 덴 콤
Chị có đến không?

찌 콤 비엘
B: Chị không biết.

- -

A: Hôm nay em đến nhà Hoa.

Chị có đến không?

B: Chị không biết.

● **한글해석**

A: 오늘 나는 호아 집에 가는데.

언니는 오늘 가?

B: 나는 모르겠어.

정자체 쓰기

- -

필기체 쓰기

Bài 06

앰 꺼 아잉 짜이 콤
A: Em có anh trai không?

벙 앰 꺼 몯 아잉 짜이 껀 아잉
B: Vâng, em có 1 anh trai. Còn anh?

아잉 꺼 몯 찌 가이
A: Anh có 1 chị gái.

- -

A: Em có anh trai không?

B: Vâng, em có 1 anh trai. Còn anh?

A: Anh có 1 chị gái.

● **한글 해석**

A: 너는 오빠가 있어?

B: 네, 나는 오빠가 한 명 있어(요). 오빠는?

A: 나는 누나가 한 명 있어.

정자체 쓰기

- -

필기체 쓰기

Bài 07

마 펌 베 씽 어 더우
A: Mà, phòng vệ sinh ở đâu?

펌 베 씽 어 벤 끼어
B: Phòng vệ sinh ở bên kia.

깜 언
A: Cám ơn.

- -

A: Mà, phòng vệ sinh ở đâu?

B: Phòng vệ sinh ở bên kia.

A: Cám ơn.

● **한글 해석**

A: 그런데, 화장실이 어디에 있어?

B: 화장실은 저쪽에 있어.

A: 고마워.

정자체 쓰기

필기체 쓰기

베트남어 회화 연습

Bài
08

유리 어이 터이 거이 꺼우
A: Yuri ơi, thầy gọi cậu.

꺼우 파이 덴 반 펌
Cậu phải đến văn phòng.

으
B: Ừ.

- -

A: *Yuri ơi, thầy gọi cậu.*

Cậu phải đến văn phòng.

B: *Ừ.*

● 한글 **해석**

A: 유리야, 선생님께서 너를 부르셔.

  너는 교무실에 가야 해.

B: 응.

정자체 쓰기

- -

필기체 쓰기

Bài
09

앰 짜오 터이
A: Em chào thầy.

앰 터이 깍 반 테 나오
B: Em thấy các bạn thế nào?

앰 터이 똗 아
A: Em thấy tốt ạ.

- -

A: Em chào thầy.

B: Em thấy các bạn thế nào?

A: Em thấy tốt ạ.

● 한글 해석

A: 선생님, 안녕하세요.

B: 네가 느끼기에 친구들은 어때?

A: 제가 느끼기에는 좋아요.

정자체 쓰기

필기체 쓰기

Bài 10

마 앰 꺼 비엣 쩌이 단 삐아노 콤
A: Mà, em có biết chơi đàn piano không?

단 삐아노 하 터이
B: Đàn piano hả, thầy?

- -

A: Mà, em có biết chơi đàn piano không?

B: Đàn piano hả, thầy?

● **한글 해석**

A: 그런데, 너는 피아노를 칠 줄 아니?

B: 피아노요, 선생님?

정자체 쓰기

필기체 쓰기

Bài
11

콤 앰 콤 비엗
A: Không, em không biết.

앰 틱 헙 응오아이 응으
Em thích học ngoại ngữ.

테 아 앰 비엗 너이 띠엥 지
B: Thế à? Em biết nói tiếng gì?

- -

A: Không, em không biết.

Em thích học ngoại ngữ.

B: Thế à? Em biết nói tiếng gì?

● **한글 해석**

A: 아니요, 몰라요.

저는 외국어 공부하는 것을 좋아해요.

B: 그래? 무슨 언어를 말할 줄 아니?

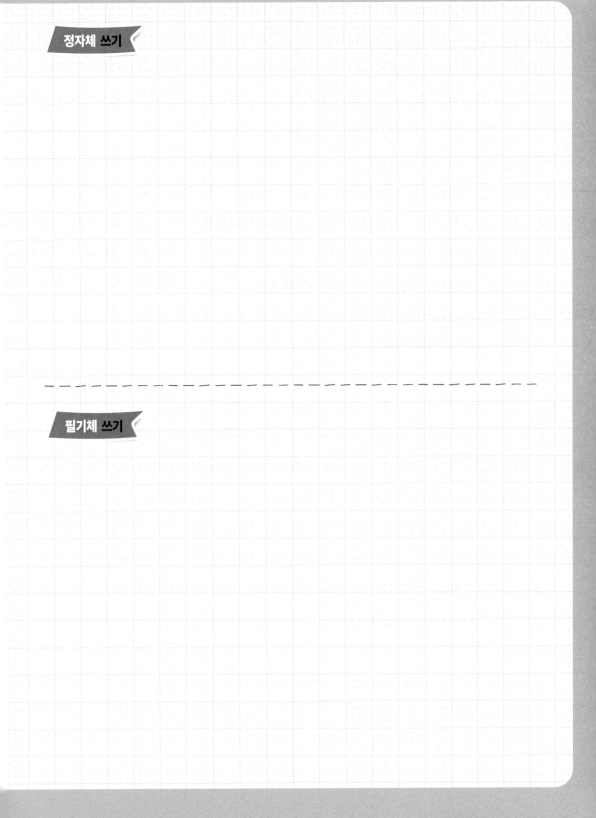

정자체 쓰기

필기체 쓰기

앰 비엘 너이 띠엥 녇 하이 띠엥 호아
A: Em biết nói tiếng Nhật hay tiếng Hoa?

앰 비엘 너이 띠엥 한 띠엥 아잉 띠엥 녇
B: Em biết nói tiếng Hàn, tiếng Anh, tiếng Nhật.

자오 나이 앰 당 헙 띠엥 호아
Dạo này em đang học tiếng Hoa.

- -

A: Em biết nói tiếng Nhật hay tiếng Hoa?

B: Em biết nói tiếng Hàn, tiếng Anh, tiếng Nhật.

Dạo này em đang học tiếng Hoa.

● **한글 해석**

A: 너는 일본어를 할 줄 아니, 중국어를 할 줄 아니?

B: 저는 한국어, 영어, 일본어를 말할 줄 알아요.

요즘 저는 중국어를 공부하고 있어요.

베트남어 회화 연습

앰 헙 띠엥 호아 데 람 지
A: Em học tiếng Hoa để làm gì?

앰 헙 띠엥 호아 데 디 주 헙 쭘 꾸옥
B: Em học tiếng Hoa để đi du học Trung Quốc.

- -

A: *Em học tiếng Hoa để làm gì?*

B: *Em học tiếng Hoa để đi du học Trung Quốc.*

● **한글 해석**

A: 중국어는 뭐 하려고 배우니?

B: 중국으로 유학 가려고 배우는 중이에요.

정자체 쓰기

필기체 쓰기

Bài
14

앰 쌔 디 주 헙 머이 남
A: Em sẽ đi du học mấy năm?

앰 딩 디 주 헙 본 남
B: Em định đi du học 4 năm.

- -

A: Em sẽ đi du học mấy năm?

B: Em định đi du học 4 năm.

●한글 해석

A: 유학은 몇 년을 갈 거니?

B: 저는 4년 동안 유학 가려고요.

정자체 쓰기

- -

필기체 쓰기

Bài 15

쩌이 어이 버이 지어 라 머이 지어 조이
A: Trời ơi, bây giờ là mấy giờ rồi?

버이 지어 라 므어이지어 남 풋 터이 아
B: Bây giờ là 10 giờ 5 phút, thầy ạ.

- -

A: Trời ơi, bây giờ là mấy giờ rồi?

B: Bây giờ là 10 giờ 5 phút, thầy ạ.

● **한글 해석**

A: 세상에나, 지금이 벌써 몇 시나 되었니?

B: 지금은 10시 5분이에요, 선생님.

필기체 쓰기

Bài 16

쭘 따 다 너이 쭈이엔 몯 띠엥
A: Chúng ta đã nói chuyện 1 tiếng.

벙 쭘 따 다 너이 쭈이엔 뜨 찐 지어
B: Vâng, chúng ta đã nói chuyện từ 9 giờ.

- -

A: Chúng ta đã nói chuyện 1 tiếng.

B: Vâng, chúng ta đã nói chuyện từ 9 giờ.

● **한글 해석**

A: 우리가 한 시간이나 이야기했구나.

B: 네, 9시부터 이야기했어요.

정자체 쓰기

필기체 쓰기

Bài
17

마 쭘 앰 안 쯔어 룹 머이 지어
A: Mà, chúng em ăn trưa lúc mấy giờ?

룹 므어이 하이 지어 쯔어
B: Lúc 12 giờ trưa.

벙 깜 언 터이 짜오 터이
A: Vâng, cám ơn thầy. Chào thầy.

A: Mà, chúng em ăn trưa lúc mấy giờ?

B: Lúc 12 giờ trưa.

A: Vâng, cám ơn thầy. Chào thầy.

● **한글 해석**

A: 그런데, 저희 점심은 몇 시에 먹어요?

B: 12시에.

A: 네, 감사합니다. 선생님 안녕히 계세요.

정자체 **쓰기**

필기체 **쓰기**

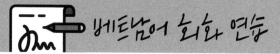

Bài 18

싸오 앰 덴 무온
A: Sao em đến muộn?

비 앰 너이 쭈이엔 버이 터이
B: Vì em nói chuyện với thầy.

- -

A: Sao em đến muộn?

B: Vì em nói chuyện với thầy.

● **한글해석**

A: 너는 왜 늦게 왔니?

B: 왜냐하면 선생님과 이야기를 했어요.

버이 지어 쭘 밍 헙 띠엥 아잉 파이 콤
A: Bây giờ chúng mình học tiếng Anh, phải không?

으 파이
B: Ừ, phải.

- -

A: *Bây giờ chúng mình học tiếng Anh, phải không?*

B: *Ừ, phải.*

● **한글해석**

A: 지금 우리 영어 공부하는 거 맞지?

B: 응, 맞아.

정자체 쓰기

필기체 쓰기

Bài 20

아 멜 꾸아
A: À, mệt quá.

아잉 꿈 버이
B: Anh cũng vậy.

아잉 꿈 터이 멜
Anh cũng thấy mệt.

- -

A: À, mệt quá.

B: Anh cũng vậy.

Anh cũng thấy mệt.

● 한글 해석

A: 아, 너무 피곤해.

B: 나도 그래.

나도 너무 피곤해.

정자체 **쓰기**

필기체 **쓰기**

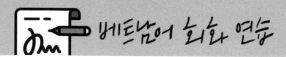

Bài 21

쭘 밍 베 냐 썸 디
A: Chúng mình về nhà sớm đi.

으
B: Ừ.

- -

A: *Chúng mình về nhà sớm đi.*

B: *Ừ.*

● 한글 **해석**

A: 우리 집에 일찍 가자.

B: 응!

정자체 쓰기

필기체 쓰기

Bài 22

앰 더이 바 부온 응우
A: Em đói và buồn ngủ.

앰 무온 안 미 꾸아
Em muốn ăn mì quá.

테 아 쭘 밍 디 안 미 디
B: Thế à? Chúng mình đi ăn mì đi!

- -

A: *Em đói và buồn ngủ.*

Em muốn ăn mì quá.

B: *Thế à? Chúng mình đi ăn mì đi!*

● **한글 해석**

A: 나는 배고프고 졸려.

나는 라면이 너무 먹고 싶어.

B: 그래? 우리 라면을 먹으러 가자!

Bài 23

A: 아잉 안 까이 꺼 드억 콤
A: Anh ăn cay có được không?

B: 아잉 안 까이 드억
B: Anh ăn cay được.

A: 버이 쭘 밍 안 미 김치 디
A: Vậy, chúng mình ăn mì kimchi đi.

B: 으
B: Ừ.

- -

A: Anh ăn cay có được không?

B: Anh ăn cay được.

A: Vậy, chúng mình ăn mì kimchi đi.

B: Ừ.

● **한글 해석**

A: 오빠는 매운 것을 먹을 수 있어?

B: 나는 매운 것을 먹을 수 있어.

A: 그럼, 우리 김치 라면을 먹자.

B: 응.

정자체 쓰기

필기체 쓰기

Bài 24

<ruby>아</ruby> <ruby>너</ruby> <ruby>꾸아</ruby>
A: À, no quá!

<ruby>바오</ruby> <ruby>지어</ruby> <ruby>럽</ruby> <ruby>헙</ruby> <ruby>밭</ruby> <ruby>더우</ruby>
Bao giờ lớp học bắt đầu?

<ruby>밭</ruby> <ruby>더우</ruby> <ruby>룹</ruby> <ruby>몯</ruby> <ruby>지어</ruby> <ruby>즈어이</ruby> <ruby>찌에우</ruby>
B: Bắt đầu lúc 1 giờ rưỡi chiều.

- -

A: *À, no quá!*

Bao giờ lớp học bắt đầu?

B: *Bắt đầu lúc 1 giờ rưỡi chiều.*

● **한글 해석**

A: 아, 배불러!

수업이 언제 시작하지?

B: 오후 한 시 반에 시작해.

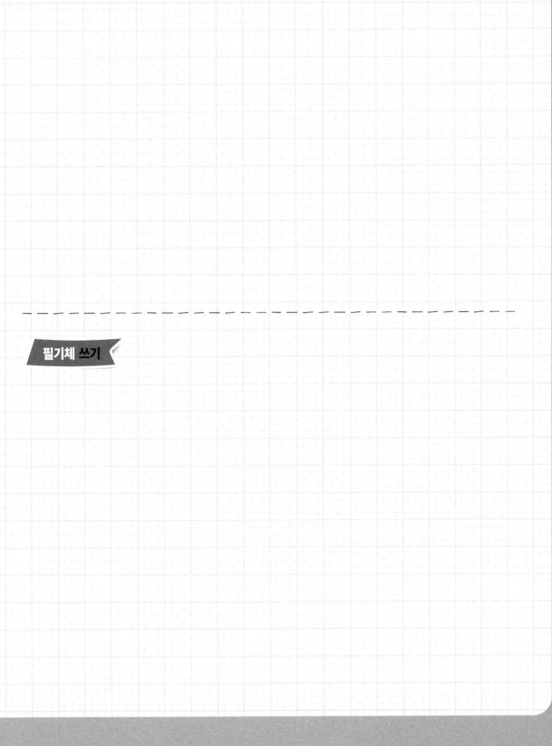

정자체 쓰기

필기체 쓰기